LES PARTIES D'UNE PLANTE

LES GRAINES

Un livre de la collection Les racines de Crabtree

ALICIA RODRIGUEZ

CRABTREE
Publishing Company
www.crabtreebooks.com

Soutien de l'école à la maison pour les parents, les gardiens et les enseignants

Ce livre aide les enfants à se développer grâce à la pratique de la lecture. Voici quelques exemples de questions pour aider le lecteur ou la lectrice à développer ses capacités de compréhension. Les suggestions de réponses sont indiquées en rouge.

Avant la lecture

- De quoi ce livre parle-t-il?
    - *Ce livre parle des graines.*
    - *Ce livre explique à quoi ressemblent les graines.*

- Qu'est-ce que je veux apprendre sur ce sujet?
    - *Je veux savoir ce qu'est une graine.*
    - *Je veux apprendre à quoi ressemble une graine.*

Pendant la lecture

- Je me demande pourquoi...
    - *Je me demande pourquoi certaines graines ont besoin de terre.*
    - *Je me demande pourquoi certaines graines sont petites.*

- Qu'est-ce que j'ai appris jusqu'à présent?
    - *J'ai appris que les graines peuvent être grosses.*
    - *J'ai appris que les graines ont besoin d'eau.*

Après la lecture

- Nomme quelques détails que tu as retenus.
    - *J'ai appris que les graines peuvent être de différentes tailles.*
    - *J'ai appris que les graines n'ont pas toutes besoin de terre.*

- Lis le livre à nouveau et cherche les mots de vocabulaire.
    - *Je vois le mot* ***soleil*** *à la page 8 et le mot* ***terre*** *à la page 10. Les autres mots de vocabulaire se trouvent à la page 14.*

Ceci est une **graine**.

Certaines graines
sont grosses.

Certaines graines sont petites.

La plupart des graines ont besoin de la lumière du **soleil**.

La plupart des graines ont besoin de **terre**.

Toutes les graines
ont besoin d'eau.

Liste de mots

Mots courants

besoin est sont
certaines plupart une

La boîte à mots

graine

soleil

terre

37 mots

Ceci est une **graine**.

Certaines graines sont grosses.

Certaines graines sont petites.

La plupart des graines ont besoin de la lumière du **soleil**.

La plupart des graines ont besoin de **terre**.

Toutes les graines ont besoin d'eau.

Crabtree Publishing Company

Autrice : Alicia Rodriguez
Conception : Rhea Wallace
Développement de la série : James Earley
Correctrice : Ellen Rodger
Conseils pédagogiques : Marie Lemke M.Ed.
Traduction : Annie Evearts
Coordinatrice à l'impression : Katherine Berti
Références photographiques :
Shutterstock : SingKham : couverture; Joaquin CorbaianP : p. 1; menic183 : p. 3, 14; Ir.S : p. 5; Dipak Shelare : p. 7; teerayuth oanwong : p. 8, 14; DibasUA : p. 11, 14; amenic181 : p. 12

LES PARTIES D'UNE PLANTE
LES GRAINES

Crabtree Publishing Company
www.crabtreebooks.com 1-800-387-7650

Publié aux États-Unis
Crabtree Publishing
347 Fifth Avenue
Suite 1402-145
New York, NY, 10016

Publié au Canada
Crabtree Publishing
616 Welland Ave.
St. Catharines, Ontario
L2M 5V6

Imprimé au Canada/062021/CPC

Catalogage avant publication de Bibliothèque et Archives Canada
Titre: Les graines / Alicia Rodriguez ; texte français d'Annie Evearts.
Autres titres: Seeds. Français.
Noms: Rodriguez, Alicia, auteur.
Description: Mention de collection: Les parties d'une plante | Les racines de Crabtree | Traduction de : Seeds. | Comprend un index.
Identifiants: Canadiana (livre imprimé) 20210268417 | Canadiana (livre numérique) 20210268433 | ISBN 9781039606166 (couverture souple) | ISBN 9781039606227 (HTML) | ISBN 9781039606289 (EPUB) | ISBN 9781039606340 (livre numérique avec narration)
Vedettes-matière: RVM: Semences—Ouvrages pour la jeunesse. | RVMGF: Documents pour la jeunesse.
Classification: LCC QK661 .R6314 2022 | CDD j575.6/8—dc23